AF322096

LETTRE

D'UN CITOYEN ACTIF DE MONTMARTRE,

A UN CITOYEN ÉLIGIBLE DE PARIS,

Législateurs, si vous voulez que la constitution soit inaltérable, faites la respecter par tous ; sur-tout soyez sévères, inflexibles même, envers ceux qui, étant choisis par leurs concitoyens, pour la faire maintenir, osent la transgresser.

Qu'un vieux châtelain, qu'une antique baronne, accoutumés à se faire parfumer la figure tous les dimanches, par l'encens que leur distribuoit à coups d'encensoir M. le curé de la paroisse ; à se voir présenter humblement le goupillon d'eau lustrale, qu'on secouoit brutalement sur le surplus des assistans ; à marcher gravement les premiers à l'offrande ; à recevoir avant le commun des fideles & en plus forte quantité le pain-béni, trouvent mauvais que l'assemblée nationale, par son décret du 26 mars, ait établi ce principe éternel, que tous les hommes étoient égaux aux yeux de la divinité comme de la loi, en supprimant toutes ces distinctions de la vanité & de l'ignorance, rien assurément que de très-conforme aux principes du châtelain & de la fempiternelle baronne ; que cette derniere fur-tout, fe rappellant les beaux tems de fa fécondité, & le moment où, venant de donner à feu M. le baron, un barbet de fa noble race, fes vaffaux étoient obligés, pour affurer fon repos, de venir battre à coups de gaule, l'eau des foffés du châtel, pour empêcher les grenouilles qui s'y trouvoient, d'avoir l'infolence de le troubler par leur *bré-kré-kré-koax-koax*, & faire fuir les coucous, qui par leurs vilains cris, auroient pû bleffer l'imagination *moult* chatouilleufe du noble baron ; que tous ceux, dis-je, qui leur reffemblent, regrettent ces beaux fiecles où leurs bons ayeux s'arrogeoient le droit, dont eux-mêmes ufoient encore naguere amplement, de battre, de piller, de ruiner, fouvent de tuer, ce qu'ils appelloient leurs vaffaux ; de fe donner l'agréable paffe-tems de faire ce qu'ils nommoient la *chaffe aux villains* (*), & quelquefois de daigner ufer d'un des droits les plus refpectables de ces tems vertueux & religieux, celui d'accorder à la jeune *villaine*, fraîche, brillante de fanté & de charmes, l'honneur de coucher avec elle la veille de fes noces.

L'abolition d'un tel droit, devait être, comme il l'a été, regreté par les féodaux de toutes les robes, notamment par un miniftre du Seigneur du ci-devant diocefe de Bourges. Paffe encore fi c'eût été par un

______

(*) C'eft ainfi que dans ces fiècles attroces du régime féodal, ces ftupides brigans à blafons, qui n'étoient fameux que par leur crimes & le malheur des peuples, appelloient l'utile & paifible habitans des campagnes.

3

certain gros abbé aux larges épaules , la coqueluche ,
de toutes nos belles ci-devant duchesses , marquises &
comtesses aristocrates , parce qu'il eût été à même
d'user amplement de ce droit , comme il le faisoit ,
sans l'avoir , dans un certain prieuré Picard , qu'il comp-
toit parmi ses nombreuses fermes , & qui , ô fatalité !
va devenir la proye de ces profânes assignats qu'il s'est
tant efforcé de livrer à l'anathême.

Que ces personnages pleurent sur toutes ces destruc-
tions , sur les écussons barbouillés , sur les lambels
brisés , sur les cimiers renversés , sur toutes les parties
anihilés de cette nomenclature puérile , sur la suppres-
sion de cette source de la vanité aux dégrés , aux quar-
tiers , aux rubans de toutes couleurs , & de tous
les hochêts avec lesquels d'orgueilleux & ineptes ty-
rans cajoloient & enchaînoient ces grands & mé-
chants enfants , source , dans laquelle l'ami Cherin
plongeoit , non pas , en les tenant par le talon ,
comme fit jadis la dame Thétis , pour rendre son bru-
tal de fils invulnérable , mais bien par la bourse ,
un tas de faquins , qu'il en faisoit sortir tout bardés
d'écussons , & chargé de *vieux parchemins neufs &*
autres gentillesses du grand art heraldique ; qu'ils
gémissent sur toutes ces ruines de l'infame régime
féodal , je leur montre la déclaration des droits de
l'homme , cet œuvre immortelle , que dans des siè-
cles d'ignorance ont eut attribué à la divinité , &
je me ris de leurs sanglots ; mais qu'un maire & ses
municipes , enfans de la nouvelle constitution , ôse
exiger , au mépris des décrets de l'assemblée nationale , dans le temple & sous les yeux de l'éternel ,

des distinctions qu'elle a proscrites avec indignation ; qu'il ose ordonner aux bédeaux de l'église, de faire nétoyer & préparer le banc du ci-devant seigneur, pour lui & les municipaux ; qu'il leur enjoigne de lui présenter & à eux le pain-béni, avant qui que ce soit : qu'il ose se faire accompagner à l'église les jours des dimanches & de fêtes, par de la garde nationale, qu'il ose en faire mettre en faction, la bayonnette au bout du fusil, à l'entrée du chœur, pour empêcher les marguilliers de se présenter avant lui à l'offrande ; qui ose, lorsqu'on lui présente le pain béni, demander à celui qui le lui donne : Les marguilliers en ont-ils déjà eu ? & sur l'affirmative, répond avec le ton d'un ancien suserain Eh ! bien ! je n'en veux pas ; je dois être servi le premier..... servi le premier !..M. le Maire assurément croyoit être à l'auberge !

Qu'un Maire, dis-je, & ses municipaux se permettent une conduite aussi anticonstitutionnelle, ce seroit substituer à l'aristocratie féodale & nobiliaire, l'aristocratie plus odieuse encore, s'il est possible, de l'écharpe aux trois couleurs, & certes il n'est aucun patriote, aucun ami de la liberté & du nouvel ordre de choses, qui ne dise, les décrets à la main, qu'un tel maire & ses municipes, s'ils existent, méritent qu'on les dépouille de ce signe sacré de notre heureuse révolution, cet emblême touchant de la récompense des vertus civiques de l'égalité & de la fraternité.... S'ils existent ? Oui, citoyens, ils existent, & sous les yeux même, pour ainsi dire, de l'assemblée nationale ; c'est le maire de Montmartre, le sieur Desportes ; ce font fes officiers municipaux, mais qui n'ont été dans ces circonftances que des inftrumens paffifs qu'il a fait mouvoir, dénoncé pour ces faits à l'affemblée nationale, par les curé & marguilliers de ce lieu; dénonciation dont ils ont configné tous les détails dans une délibération prife en leur affemblée le 26 novembre dernier, qu'ils ont joint à leur adreffe à l'affemblée, & qu'il eft important de rendre publique; car c'eft en faifant connoître les infracteurs de la loi, qu'on apprend à la faire refpecter.

J'obferverai auffi à MM. les curé & marguilliers qui ont dénoncés le fieur Defportes & fes municipaux, qu'eux-mêmes fe font en quelque forte rendus coupables de l'infraction qu'ils lui reprochent, quoique beaucoup moins que lui, à la vérité, puifque dans le nouvel ordre de chofe, devant veiller effentiellement au maintien de la loi, il doit être le premier à s'y foumettre & à la refpecter, en réclamant pour eux la confervation du privilége qu'ils prétendent avoir depuis des fiecles, d'aller les premiers à l'offrande, de recevoir les premiers l'encens, & d'être les premiers figurans dans les proceffions & autres cérémonies religieufes de leur paroiffe. Qu'ils apprennent donc qu'il n'exifte plus aucuns priviléges ni aucune préféance dans les églifes; qu'à la divinité feule appartient l'encens; l'eau-bénite & le pain-béni à tous, fans diftinction marquée de rang; l'offrande, au premier qui fe préfente pour recevoir ce figne de paix : & c'eft ce qu'a très-fagement exprimée l'affemblée nationale dans fon décret du 26 mars, en déterminant le rang que tiendroient les officiers muni-

cipaux dans toutes les cérémonies publiques. « La
» préséance, dit ce décret, attribuée aux officiers
» municipaux fur les autres corps, ne leur confere au-
» cun des droits honorifiques dans les églifes ».

Voilà la lettre & l'efprit du décret, que le fémillant
& jeune maire de Montmartre a enfreint d'une ma-
niere fi étrange ; & pourquoi, bon dieu ? Pour fatis-
faire à une miférable gloriole, à une puérile & ridicule
vanité, qui n'appartiendront jamais aux vrais amis de
la conftitution & de la liberté.

Tu vas juger, frère, par le trait fuivant : à quel
dégré il la porte cette miférable vanité. Le jour de
Noël dernier, il rendit le pain béni, quoique ce ne
fût pas fon tour à le porter. Il y fit mettre huit
pains, qui furent portés par deux officiers de chaf-
feurs de la garde nationale de Montmartre, qui mé-
connoiffant le refpect qu'ils doivent à l'habit qu'ils
ont l'honneur de porter, ne rougirent pas de faire
les fonctions des bedeaux, & de porter fur leurs
épaules, au grand fcandale des bons patriotes, le
brancard fur lequel étoient les pains de M. le Maire,
qui prouva bientôt après, qu'il ne connoiffoit pas
plus les regles canoniques fur la diftribution du pain
béni, que le refpect dû aux décrets de l'affemblée,
car à peine la fournée qu'il avoit fait porter pirami-
dalement fur le brancard, avoit été béni, qu'il exigeât
qu'il ne fût gardé par les bedeaux, pour la diftribution à faire dans l'églife, que ce qu'il en falloit
ftrictement, & que le furplus lui fût rendu, pour
être par lui donné manuellement aux pauvres. Il ne
favoit pas M. le Maire de Montmartre, que tout

ce qui eſt préſenté à l'offrande appartient au commun des fidèles, & n'eſt plus en la diſpoſition de celui qui en a fait l'hommage; il ignoroit donc.... Mais non, il n'ignoroit pas, il vouloit ſeulement que l'on ſût qu'il deſtinoit ſept pains de quatre livres aux pauvres, ce qui à raiſon de 2 ſols 6 den. faiſoit un objet de 3 liv., & il avoit oublié cette maxime ſacrée du livre divin ſur la charité, qu'elle doit être ſilencieuſe & ſe faire dans l'ombre. Il l'a violoit dans le lieu même qui auroit dû le plus l'a lui rappeller, dans celui où il avoit également violé le nouveau code évangélique des François, les décrets de l'aſſemblée nationale.

Voilà cependant des hommes que le peuple, encore aveugle ſur les vrais principes de ſa liberté & du nouvel ordre de choſes, & trompé par de la jactance *ſemi-patriotique*, par quelques airs de popularité, forces politeſſes feintes, remplaçant tout-à-coup des manieres rebutantes & dures, par quelques expreſſions fraternelles ſans fraternité, ſubſtituée au dedain le plus marqué, a nommé pour le conduire, maintenir & faire reſpecter la loi, chérir la ſainte égalité & faire diſparoître juſqu'au ſouvenir de ces diſtinctions humiliantes, que d'imbéciles orgueillieux s'arrogeaient & exigeaient de leurs ſemblables !

Et ce ſont de tels hommes qui ſe précipitent en foule vers toutes les places, qui les font circonvenir par leurs affidés & les obtiennent !

A dieu, frere, ces réflexions font rider le front du vrai civiſme; que le tient, que le brûlant amour de la patrie qui dévore ton cœur, empreint ſouvent des signes de la tristesses se rassure, imite le maire de mont-martre, qu'un air d'hilarité se peigne quelques fois sur ton visage, comme il l'est sans cesse sur le sien, convaincu de son mérite que personne en effet ne doit mieux connoitre que lui, que ne le vois tu dans nos assemblées, & dans toutes celles où ils se trouve, se mettre sans cesse sous les regards du public, dont il a mérité par son air sémillant & satisfait d'être trouvé *Genti*. Cesse d'être inquiet, comme si la patrie étoit encore en danger, ris avec moi de tous les masques patriotiques, laisse les faire, tu les verras chaque jour tomber. Vauvillier *le torticol* vient de quitter *saintement* le sien, j'en connois beaucoup d'autres, que l'opinion publique a déjà dénouée, ils tomberont & tu les verras à crû ces beaux sires, qui insultaient & calomniaient les vrais patriotes... Tout à toi ton frère constitutionnel.

L'Ami de la Vérité, de la Loi et de l'Égalité.